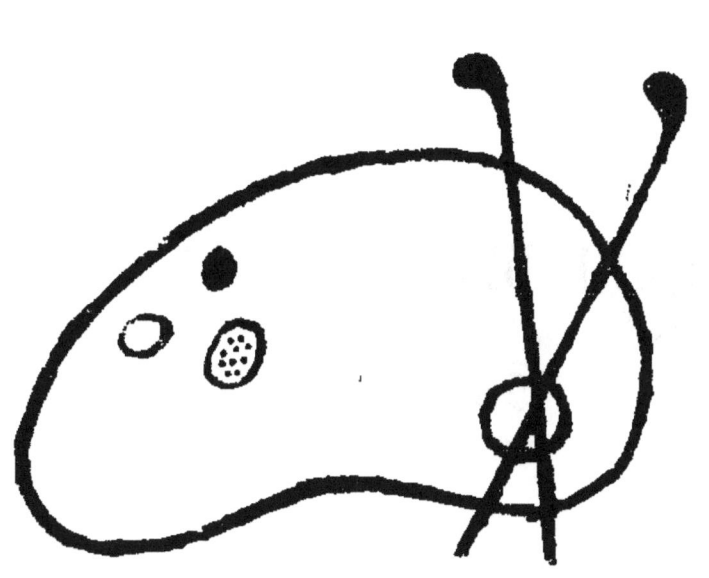

Début d'une série de documents en couleur

Louis GUIBERT

LA PIERRE DITE DE SAINT-MARTIN A JABREILLES

LIMOGES
IMPRIMERIE-LIBRAIRIE Vᵉ H. DUCOURTIEUX
Libraire de la Société archéologique et historique du Limousin
7, RUE DES ARÈNES, 7

1896

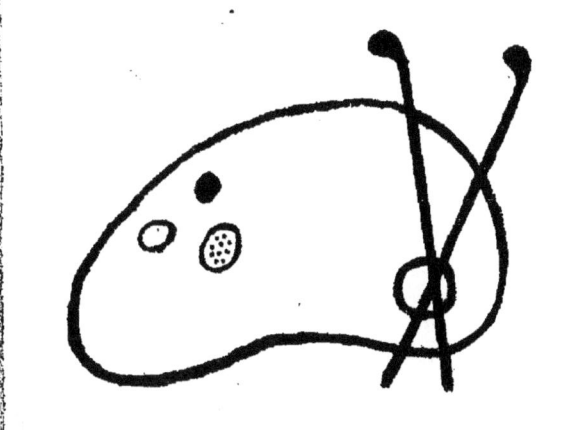

Pierre dite de Saint-Martin, à Jabreilles, dessinée par M. L. Bourdery
d'après les photographies de M. P. Ducourtieux.

Louis GUIBERT

LA PIERRE DITE DE SAINT-MARTIN A JABREILLES

LIMOGES
IMPRIMERIE-LIBRAIRIE Vᵉ H. DUCOURTIEUX
Libraire de la Société archéologique et historique du Limousin
7, RUE DES ARÈNES, 7
—
1896

LA PIERRE DITE DE SAINT-MARTIN

A JABREILLES

A l'entrée du bourg de Jabreilles (Haute-Vienne), distant de quelques centaines de mètres seulement de la limite du département de la Creuse, sur la gauche du chemin vicinal n° 57 des Adoux à Jabreilles, au point où cette route est rejointe par une autre voie, celle-ci simple chemin rural, qui descend le long d'une pente assez rapide et passe auprès de l'emplacement d'une ancienne chapelle dédiée à Saint-Martin-de-Tours, aujourd'hui démolie, on voit un très modeste autel formé d'une belle dalle qui repose sur des supports plantés sans aucun souci de la symétrie. Si les matériaux n'étaient pas taillés, cette table rustique offrirait exactement l'image d'un petit dolmen. Adossé au mur d'une propriété privée, l'autel fait saillie à l'intersection des deux chemins, en contre-haut de celui qui monte de La Jonchère, en contre-bas de celui qui descend de l'aride plateau dominant le bourg. Ce pieux monument n'oblige point le passant à s'arrêter ni à dévier de sa route : sans le gêner, sans le heurter, humblement, pour ainsi dire, il sollicite l'attention et la pensée. Il évoque l'idée religieuse, vivante au fond de toute âme humaine, et invite le cœur et l'esprit à s'élever vers le maître de toutes choses.

A cet autel, qui ne remonte pas à une époque bien reculée, au moins dans sa disposition actuelle, se rattachent pourtant certaines traditions. Des vieillards viennent parfois s'y agenouiller ; des femmes y récitent le chapelet. Les processions s'y arrêtent et le curé y donne la bénédiction du Saint-Sacrement, qui autrefois se donnait sans doute dans la chapelle placée à quelques centaines de mètres plus haut, et où devait avoir lieu la station : ainsi l'autel du chemin conserve le souvenir et garde pieusement l'héritage de l'oratoire du grand patron des Francs.

La table, posée un peu de travers sur les pierres qui la soutiennent, porte elle-même un bloc de granit affectant la forme d'un prisme à base rectangulaire, dégradé à sa partie supérieure et paraissant avoir été entaillé assez anciennement pour recevoir une croix à laquelle il aurait servi de socle. Les quatre faces de ce bloc, haut de 0 m. 66 au milieu, sur 0 m. 71 de large et 0 m. 31 d'épaisseur, offrent des sculptures d'un assez fort relief, passablement conservées et dont le dessin et l'exécution, sans être délicats, sans avoir rien en soi de remarquable, ne dénotent ni une époque barbare ni un malhabile ciseau. Dans l'impression que donne l'aspect de ce petit monument, il entre une certaine satisfaction d'ordre esthétique. L'art avait, jusqu'à un certain point, marqué de son empreinte cette humble épave d'un ancien culte que l'ignorance naïve des paysans a attribuée à l'inspiration chrétienne.

Le général Creuly, parcourant cette région sévère et accidentée il y a quelque trente ans, à l'époque où des reconnaissances topographiques et des fouilles d'une certaine importance furent entreprises sur plusieurs points de la contrée, sous la direction de la commission dite « de la topographie » ou « de la carte des Gaules », en vue surtout d'éclairer certains chapitres de la *Vie de César* que préparait alors l'Empereur Napoléon III, aperçut en passant cette pierre, mais sans pouvoir l'examiner à loisir. Elle avait pourtant excité sa curiosité, et il la signale, dans les notes qu'il a laissées, comme représentant « une amazone gauloise », remontant par conséquent à une époque peu éloignée de la conquête, et inspirée par les traditions et le génie de la race vaincue plutôt que du peuple conquérant.

Les sculptures de la « pierre de Saint-Martin » semblent néanmoins procéder de l'art classique, dont elles offrent les caractères généraux, et nous avouons que, si nous nous en étions tenu à nos seules appréciations, nous eussions été, vu le style du morceau, fort tenté de chercher dans la mythologie italo-grecque, l'explication des sujets représentés sur ce curieux bas-relief. — Mais un ouvrier formé aux traditions de Rome a pu traduire une inspiration étrangère, et les divinités des peuples les plus divers offrent souvent des traits de ressemblance qui attestent leur commune origine. Quoiqu'il en soit, en suivant notre première impulsion, nous ne nous serions pas moins grossièrement mépris que les braves gens dont l'imagination naïve et complaisante avait reconnu, dans une femme tenant son cheval par la bride, le charitable Saint-Martin, descendant de sa monture pour partager ses vêtements avec un pauvre, d'ailleurs absent. Le sexe du personnage debout devant l'animal, et qui constitue un des sujets principaux de la pierre de Jabreilles, n'est pas douteux. Le modelé du buste l'atteste : ce ne peut être ni un héros, ni un saint, ni un Dieu : il faut reconnaître là une héroïne ou une déesse.

Cette femme, que le sculpteur a représentée à peu près de face, la figure légèrement tournée vers la gauche du spectateur, se tient debout sous une niche dont le cadre est formé de deux pilastres doubles, sans ornements caractéristiques, chapiteaux ni décor apparent quelconque, et d'un fronton triangulaire assez bas, dont une moulure d'un fort relief accuse les deux angles latéraux. Le milieu du tympan est occupé par un objet à peu près rond, ayant à droite et à gauche des accessoires qui peuvent être des rameaux, des ailes ou quelque chose d'approchant. Impossible de dire si l'objet principal, placé juste au dessus de la tête de la femme, est une figure, un vase, un fruit, une pomme de pin ou quelque attribut symbolique, caractérisant telle ou telle divinité. Le temps a usé les lignes qui le dessinaient et l'œil ne peut rien distinguer : il constate seulement, grâce à un relief aux bords très flous, qu'il y avait quelque chose là.

La femme, dont les formes, comme nous l'avons dit plus haut, sont très accusées, porte une coiffure un peu haute, autant qu'on peut en juger. La tête est découverte ; mais peut-être un ornement, nœud, rosette, bijou, se trouvait-il plaqué sur la chevelure. Il semble, au premier abord, que le buste et les bras soient nus ; autour de la taille un renflement très sensible pourrait être attribué à la partie haute de la robe, drapée ou enroulée autour des reins.

Il est possible toutefois que le personnage soit entièrement vêtu d'une longue *stola* un peu collante au buste, et dont la partie inférieure, très ample, forme sur le devant, à partir de la ceinture, trois larges plis tombant jusqu'à terre. Le bas de la pierre se trouve un peu usé, et il est impossible de voir si les pieds étaient nus ou chaussés.

Le bras droit de la femme est replié et supporte un instrument allongé, massue, thyrse, flambeau, peut-être (mais l'hypothèse est moins probable, l'objet ayant, sauf à son extrémité, une forme à peu près rectiligne) une corne d'abondance dont la main placée au-devant de la hanche tient l'extrémité. La main gauche serre la la bride d'un cheval en marche, allant de gauche à droite, placé derrière le personnage ; aucune autre pièce du harnachement n'apparaît. L'animal a la tête et l'encolure assez fines, les jambes déliées, l'arrière-train élevé. Il est de taille moyenne. Peut-être porte-t-il sur le haut de la tête, entre les oreilles, un plumet ou un ornement quelconque. On n'aperçoit, dans le champ de la scène, aucun attribut, aucun objet accessoire.

La seconde des faces principales du petit monument que nous décrivons, présente le même encadrement, avec cette différence toutefois que les montants sur lesquels repose le fronton offrent moins de largeur et ne sont pas l'un et l'autre, comme sur la face opposée, divisés par une rainure verticale. Peut-être un ornement, une couronne par exemple, décorait-il, de chaque côté, les angles du fronton. Au centre du tympan, l'œil distingue assez nettement un oiseau, droit sur ses pattes, vu de profil et allant de la gauche à la droite du spectateur : comme sur le fronton de la première face, l'objet principal est accosté d'accessoires symétriques qu'on ne peut exactement reconnaître.

Sous l'édicule sont représentées trois figures debout, dont la tête touche l'architrave, et derrière lesquelles passe, à la hauteur du bassin, une bande ou barre dont nous ne nous expliquons pas l'usage, mais qui offre une complète analogie avec les bandes d'émail bleu ou vert turquoise que les orfèvres du moyen âge ont souvent placées derrière les personnages figurant sur les plaques de nos châsses de fabrication limousine. Ces trois personnages ont des vêtements longs et paraissent être des femmes.

Sur l'une et l'autre des deux faces latérales du bas relief se montre un personnage nu, peut-être un enfant, sans aucun attribut particulier. Le sculpteur a placé sous des arcades cintrées ces deux figures, dont le dessin laisse à désirer. L'une est debout, la main gauche élevée à la hauteur de la tête, et semble montrer, ou tout au moins porter un objet dont la forme ne se détache pas sur le pilastre ou la colonne supportant le cintre. Derrière ce personnage, à la hauteur des genoux, apparaît une bande analogue à celle qu'on voit derrière les trois femmes d'une des faces principales. Au dessus de l'arcade qui encadre le sujet, s'accuse d'une façon très nette le relief de l'entablement.

Le personnage sculpté de l'autre côté est vu presque de trois quarts et tourné vers la gauche. Il a la jambe repliée sous lui et son genou repose sur une pierre. La tête, légèrement inclinée, s'appuie sur la main ; un support, qui se confond avec le pilastre de gauche, soutient le coude. Le bras gauche est rejeté en arrière et la main porte sur une saillie du montant opposé. Du reste, de ce côté pas plus que l'autre, aucun accessoire, aucun symbole caractéristique.

Telle est la pierre dite de Saint-Martin, que, lors des fouilles exécutées sur le Puy-de-Jouer aux frais de la Société archéologique et historique du Limousin, M. Buisson de Mavergnier, chargé de la direction de ces travaux, avait déjà examinée et signalée à cette société. Il en décrivait ainsi les sculptures :

« Elle représente *un homme nu, qui tient, de la main droite,* un cheval sans harnais ; *dans sa main gauche* il porte une sorte de thyrse ou de massue. Sur les deux côtés de la pierre, on voit un homme *dans un état complet de nudité* (1). »

M. Buisson de Mavergnier ne dit mot du quatrième sujet, celui qui fait face au mur de clôture auquel est adossé l'autel et que par conséquent le passant ne voit pas. Il n'avait point essayé de retourner la pierre, qui pourtant n'est pas assez lourde pour résister à l'effort de deux hommes de moyenne force. Plus heureux que lui, nous avons pu faire une étude complète du petit monument, grâce à l'aide obligeante de trois de nos confrères de la Société Archéologique de Limoges, MM. le commandant de Chaptes, Paul Ducourtieux et Édouard Hersant, qui avaient bien voulu nous accompagner dans notre excursion à la recherche de l'amazone signalée par le général Creuly. M. Ducourtieux a pris, des quatre faces du bas relief, des vues photographiques qui ont permis à M. Louis Bourdery de dessiner la jolie planche jointe à notre notice. Les dessins de M. Bourdery donnent une idée très précise du monument de Jabreilles et les sujets s'y détachent avec plus de netteté que les sculptures sur la pierre elle-même, dont certains reliefs ont été bien usés par le temps.

C'est à coup sûr pour une destination pieuse qu'a été sculptée la pierre de Jabreilles, et ce sont des divinités qui figurent au moins sur ses deux principales faces. Nous avions d'abord pensé qu'elle avait pu constituer la partie supérieure d'une stèle funéraire : beaucoup de monuments de cette nature ont, en effet, pour couronnement un édicule, une niche analogue à celle qui abrite les personnages que nous venons de décrire, et tous nos musées, même la pauvre collection lapidaire de Limoges, possèdent des spécimens de ce genre de tombeaux.

Toutefois, l'image qu'on trouve en général sculptée sur ces stèles est celle du défunt, et il est rare que les quatre faces d'un cippe funéraire soient ornées de sujets.

Nous ajouterions que les tombeaux portent presque toujours des inscriptions ; mais l'inscription pouvait se trouver sur la pierre

(1) *Excursion au Mont-de-Jouer.* ap. *Bulletin de la Société archéologique et historique du Limousin,* t. XIII, p. 114.

servant de support ou de socle à notre bloc de granit, car nous n'avons ici que la partie supérieure de l'édicule.

Il faut donc voir dans l'intéressant morceau qui fait l'objet de notre étude un véritable monument du culte. Peut-être avait-il été placé sur un socle servant de limite à une grande propriété ou à un territoire ; peut-être se trouvait-il dans la cour ou dans les bâtiments d'une villa ou constituait-il la pièce principale d'un petit oratoire en plein air ? Ce qu'il y a de certain, c'est qu'autrefois comme aujourd'hui, il devait reposer sur un support, sur un soubassement que nous avons vainement recherché aux environs et dont personne n'a gardé le souvenir.

Quelles divinités le sculpteur a-t-il représentées sur cette pierre ? Suivant les autorités les plus compétentes, M. Alexandre Bertrand et M. Salomon Reinach, directeurs du Musée national de Saint-Germain, il ne saurait s'élever aucun doute sur l'identification de la femme qui tient sa monture par la bride, et c'est avec raison que le général Creuly, alors Vice-Président de la Société des Antiquaires de France, signalant à ses collègues la pierre de Jabreilles (1), avait, dans le prétendu saint Martin, reconnu la déesse Epona, dont le culte, presque général en Gaule (on relève son nom sur un certain nombre d'inscriptions dans diverses provinces), s'était répandu dans les pays voisins, et avait pris notamment une certaine importance en Italie.

Toutefois Epona n'est peut-être pas, à proprement parler, d'origine Gauloise. Elle appartient à cette famille de divinités cosmopolites qu'on rencontre un peu partout et dont on ne peut reconnaitre la patrie. Née, suivant Plutarque, d'un honteux accouplement, elle avait des autels en Thessalie comme en Ecosse, dans les pays Rhénans comme en Aquitaine. On la tenait pour la patronne spéciale des chevaux, des ânes, des mulets, et elle leur devait bien cette protection puisqu'elle était un peu de la famille. On la trouve souvent représentée avec un ou plusieurs de ces animaux ; fréquemment elle est à cheval ; parfois elle monte une pacifique jument et un poulain la suit. M. Huillard Bréholles a décrit plusieurs monuments de la Franche-Comté et de la Bourgogne où cette divinité est ainsi représentée ; elle est « amplement drapée » et a « les seins et le ventre proéminents », ce qui se rapporte aux indications données par la pierre de Jabreilles. Dans un de ces bas reliefs, elle tient une corne d'abondance. (2)

(1) Séance du 6 juin 1864.

(2) *Bulletin de la Société des Antiquaires de France*, année 1865, p. 148, 149.

Les Romains plaçaient l'image d'Epona dans leurs écuries pour qu'elle veillât avec plus de sollicitude sur les animaux confiés à ses soins. Dans les *Métamorphoses* d'Apulée, son malheureux héros, transformé en âne par les merveilleux onguents de la magicienne Pamphyla, aperçoit, au mur de l'étable où il s'est réfugié, une image de la déesse Epona, placée dans une niche qu'on a décorée de guirlandes de roses. (1)

Epona, dont on vantait la beauté, était la patronne spéciale des éleveurs et des *sportmen*. Dans sa huitième satire, Juvénal nous montre son Damasippe, type accompli, du reste, du politicien sans scrupules, populacier et crapuleux, conduisant son char, le fouet au poing, donnant de ses mains l'orge à ses chevaux et ne jurant que par Epona et les autres divinités familières des écuries, même lorsqu'il offre des sacrifices à Jupiter :

>...*Dum lanatas torvumque jurencum*
>*More Numæ cœdit Jovis ante altaria, jurat*
>*Sòlam Eponam et facies olida ad præsepia pictas.*

Bien d'autres écrivains des premiers siècles nomment Epona : Tertullien, dans son *Apologétique*, reproche aux païens le culte qu'ils portent à cette singulière divinité et aux animaux dont elle est accompagnée. Prudence la cite également dans ses vers. Quelques auteurs, soucieux outre mesure de l'orthographe étymologique, ont voulu changer le nom de la déesse et substituer à la forme *Epona* la forme *Hippona* qui exprimerait mieux et l'origine et les attributions de la protectrice des écuries de nos ancêtres ; mais cette prétention n'a pas été admise par les savants.

Le culte des déesses-mères ou pour mieux parler, des déesses-maires — *deabus mairabus* — était fort répandu dans les Gaules. Les monuments qui conservent leurs images ne sont pas rares. On trouve le plus souvent ces déesses en triade, et il est fort probable que la seconde face de la pierre de Saint-Martin représente ces graves divinités. C'est du moins l'avis de M. Reinach. Dans ce cas, la bande passant derrière elles indiquerait peut-être leur indissoluble union, à moins qu'elle ne fût la partie supérieure du siège d'osier sur lequel on les représentait quelquefois assises. Les déesses-maires ne sont autres, en somme, que les Parques de la

---

(1) In ipso fere meditullio Eponæ deæ simulacrum residens ædiculæ, quod accurate corollis roseis et quidem recentibus fuerat ornatum (*Métam,* livre III).

mythologie classique. Par un singulier enchaînement d'idées, ces redoutables ouvrières de la mort avaient peu à peu, à raison de leur résidence souterraine, de leurs rapports avec la mystérieuse et symbolique Proserpine, pris place parmi les emblèmes des forces fécondantes de la terre, et étaient comptées au nombre des plus précieuses nourricières de la vie. On les invoquait pour obtenir des récoltes abondantes. Leur association, sur le monument de Jabreilles, à Epona, arbitre de la prospérité des écuries, et peut-être aussi des étables, n'a donc rien que de très naturel.

Quant aux deux personnages des bas-reliefs latéraux, auxquels, dans sa communication à la Société des Antiquaires, M. Creuly donnait un peu gratuitement des ailes, ce sont, suivant toute vraisemblance, des génies locaux.

Ils complétaient l'ensemble de divinités rurales que la niche présentait à la vénération des habitants du pays. La présence de figures analogues sur des monuments funéraires et l'attitude d'un de ces personnages, qui semble exprimer la douleur, pouvaient nous confirmer dans l'opinion que la pierre de Jabreilles provenait d'un tombeau : mais nous avons dit que cette hypothèse parait devoir être abandonnée.

A la fin de son rapport sur les fouilles du Puy-de Jouer, M. Buisson de Mavergnier exprimait le vœu que la « pierre de Saint-Martin » fût déposée au musée de Limoges. Il semble même qu'il fût entré en pourparlers à cet effet avec le propriétaire de l'objet. Ce propriétaire était alors un particulier. On nous assure qu'aujourd'hui la commune prétend avoir des droits sur le petit monument. On peut se demander de quelle façon elle les aurait acquis.

Nous ne saurions terminer cette notice qu'en renouvelant, après un intervalle de trente années, le vœu de notre confrère. Tous les amis de l'archéologie et de l'histoire verraient avec satisfaction la pierre de Jabreilles (que les directeurs du musée de Saint-Germain ont déclaré offrir « un intérêt capital » pour l'étude de la mythologie gauloise et dont le moulage a été exécuté pour notre grande collection nationale), installée auprès de la stèle du grammairien Blæsianus, au musée lapidaire de Limoges, lequel n'est nullement « défunt », en dépit de la boutade, si justifiée d'ailleurs, à un certain point de vue, du savant et regretté Léon Palustre. Nous espérons qu'une place honorable et un espace suffisant seront réservés aux monuments épigraphiques dans le nouvel édifice construit sur l'emplacement des galeries provisoires où pendant vingt ans nos riches collections céramiques ont trouvé un trop modeste abri. Le curieux morceau dont on a lu plus haut la description, y figurerait avec honneur. Nous souhaiterions qu'il y fût bientôt rejoint par l'intéressant autel taurobolique de Texon, le seul monument de ce genre existant à notre connaissance dans le département de la Haute-Vienne, et par l'énigmatique bas-relief de Berneuil, insuffisamment étudié jusqu'ici, et non sans analogie avec la « pierre de Saint-Martin ».

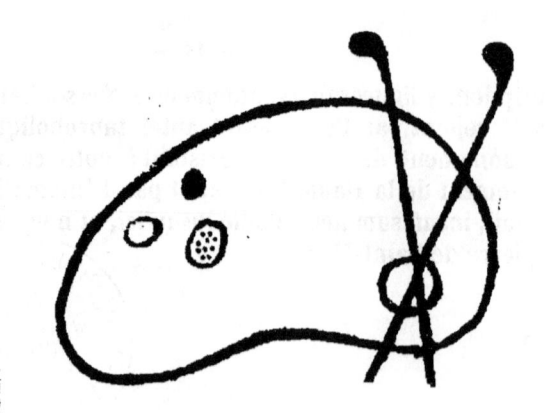

Début d'une série de documents en couleur

OUVRAGES DU MÊME AUTEUR :

Le Château de Châlucet (avec un plan). — Limoges, Sourilas-Ardillier, 1863 (2ᵉ édit., revue et augmentée, 1871).

Crucifixa. — Paris, Dentu, 1863.

Rimes franches. — Paris, Librairie centrale, 1864.

Dolentia. — Paris, Librairie centrale, 1865.

Légendes du Limousin. — Paris et Tournai, Casterman, 1864 et 1866.

Limoges et le Limousin. — Paris et Tournai, Casterman, 1868 et 1875.

Quelques notes sur la surveillance légale, lettre à un député. — Paris, F. Henry, 1870.

Les Employés de Préfecture. — Paris, F. Henry, 1870.

L'Assemblée du 8 février et la Loi électorale. — Lyon, Josserand, 1871.

Un Journaliste Girondin. — Limoges, Sourilas-Ardillier, 1871.

De la Grève, du Travail et du Capital, conférence faite à une Association ouvrière de Lyon, le 30 mai 1870 (extrait de la *Décentralisation*). — Lyon, Josserand, 1871.

Questions électorales. — Paris, E. Lachaud, 1871.

Notes de Voyage (Mauvais jours, Ex intimo, Poésies diverses). — Paris, E. Lachaud, 1872.

La Crise des subsistances et les emprunts de la période révolutionnaire à Limoges (extrait de l'*Almanach limousin*). — Limoges, Vᵉ Ducourtieux, 1873.

Monuments historiques de la Haute-Vienne, rapport de la Commission de la Société archéologique et historique du Limousin (extrait du *Bulletin* de cette Société). — Limoges, Chapoulaud frères, 1874.

Assurances sur la Vie, notions pratiques. — Limoges, Vᵉ Ducourtieux, 1876.

Une page de l'histoire du Clergé français au XVIIIᵉ siècle. Destruction de l'ordre et de l'abbaye de Grandmont. Carte des maisons de l'ordre.— Limoges, librairie Vᵉ Ducourtieux et Paris, librairie Champion, 1877. 1 vol. in-8° (*Epuisé*).

Rimes couleur du temps. — Paris, Dentu, 1877.

Sceaux et armes de l'Hôtel-de-Ville de Limoges. Sceaux et armes des villes, églises, cours, etc., des trois départements limousins. 1ʳᵉ et 2ᵉ parties. — Limoges, Vᵉ Ducourtieux, 1878.

Le Parti Girondin dans le département de la Haute-Vienne (extrait de la *Revue historique*). — Paris, 1878.

Les Pénitents (extrait de l'*Almanach limousin*). — Limoges, Vᵉ Ducourtieux, 1879.

Les Confréries de Pénitents en France et notamment dans le diocèse de Limoges. (avec un dessin) — Limoges, Vᵉ Ducourtieux, 1879.

Coutumes singulières de quelques confréries et de quelques églises du diocèse de Limoges. — Limoges, Chapoulaud frères, 1879.

Anciens registres des paroisses de Limoges. — Limoges, Chapoulaud frères, 1881.

France! chants, poèmes et paysages (avec MM. G. David, A. Hervo, P. Mieusset et A. Tailhand). — Paris, P. Ollendorff, 1881.

Les Hôtels-de-Ville de Limoges (extrait de l'*Almanach limousin*). — Limoges, Vᵉ Ducourtieux, 1882.

Le Livre de raison d'Etienne Benoist (1426). Avec un fac-similé. — *Ibid.*, 1882.

L'Orfèvrerie limousine au milieu du XVIIᵉ siècle (extrait du journal l'*Art*.) Paris, 1882.

Les Dettes de la ville de Limoges et le Conseil municipal. — Limoges, A. Ussel et G. Tarnaud, 1882.

L'Eau de ma Cave, deuxième lettre à la municipalité et au Conseil municipal. — Limoges, A. Ussel et G. Tarnaud, 1882.

Le Tombeau de Guillaume de Chanac, à Saint-Martial de Limoges (extrait du *Cabinet Historique*). Paris, Champion, 1882 — Réédition, Tulle, Crauffon, 1883.

La Famille limousine d'autrefois, d'après les testaments et la Coutume. — Limoges, librairies Vᵉ Ducourtieux et Leblanc, 1883.

Quelques notes extraites du Cartulaire d'Aureil. — Tulle, Crauffon, 1883.

Les Corporations de métiers en Limousin et spécialement à Limoges (extrait de la *Réforme sociale*). — Paris, 1883.

Les Confréries de dévotion et de charité et les œuvres laïques de bienfaisance à Limoges, avant le XVᵉ siècle (extrait du *Cabinet historique*). — Paris, Champion, 1883.

Le Prédicateur Menauld (extrait de l'*Almanach limousin*). — Limoges, Vᵉ Ducourtieux, 1884.

Commentaires d'Etienne Guibert sur la Coutume de Limoges (1628) *avec une note sur les différents textes de cette Coutume.* Limoges, Société générale de papeterie, 1884.

Le Bénédictin Dom Col en Limousin. — Limoges, Vᵉ Ducourtieux, 1884.

La Ligue à Limoges (1589). — Limoges, Vᵉ Ducourtieux, 1884.

Journal du Consul Lafosse (1649). — Limoges, Vᵉ Ducourtieux, 1884.

Registres Consulaires de la ville de Limoges, 1508-1740, publié sous les auspices de la Société archéologique et historique du Limousin : publication commencée par M. Émile Ruben, secrétaire général de cette Société et continuée par M. L. Guibert, vice-président (le sixième et dernier volume est sous presse).

L'Orfèvrerie et les Orfèvres de Limoges (dessins). — Limoges, Vᵉ Ducourtieux, 1885.

La Corporation Limousine : ses caractères, son rôle, phases principales de son histoire. Rapport présenté au Congrès des œuvres catholiques tenu à Limoges (août-septembre 1885). — Extrait de *La Controverse et le Contemporain.* — Limoges, V° Ducourtieux, 1885.

Sceaux et Armes des deux villes de Limoges et des villes, églises, cours, etc. Supplément. — Limoges, V° Ducourtieux, 1885 (dessin de M. Bourdery).

Les Émigrés Limousins à Quiberon. — Limoges, V° Ducourtieux, 1885.

Des formules de date et de l'époque du commencement de l'année en limousin. Tulle, Crauffon, 1886.

Les Enclaves Poitevines du diocèse de Limoges (carte). — Limoges, V° Ducourtieux, 1886.

Les Foires et Marchés limousins aux XIII° et XIV° siècles (extrait de l'*Almanach limousin*. — Limoges, V° Ducourtieux, 1886.

Le Limoges d'autrefois, sa physionomie, ses habitants, ses mœurs, ses institutions. — Limoges, V° Ducourtieux, 1887.

Châlucet (6 dessins de M. F. de Verneilh et plan). — *Ibid.*, 1887, un vol. in-8°.

Les Tours de Châlucet (6 dessins de M. F. de Verneilh et plan). — *Ibid.*, 1887.

La Société archéologique de Limoges à l'Exposition de Tulle, dessin de M. Louis Bourdery). — *Ibid.*, 1887, in-18.

Le Budget de la ville de Limoges au moyen-âge. — *Ibid.*, 1888, in-18.

La dette Beaupeyrat. — *Ibid.*, 1888, in-18.

Le Livre de Raison des Balaze. — *Ibid.*, 1888, in-8°.

L'orfèvrerie et les émaux d'orfèvré à l'Exposition de Limoges, en 1886. — *Ibid.*, 1888, in-8° (2 dessins).

Peintures murales de l'église de Saint-Victurnien. — *Ibid.*, 1888, in-8° (dessin).

L'École monastique d'orfèvrerie de Grandmont et l'autel majeur de l'église abbatiale. — *Ibid.*, 1888, in-8°.

Exposition rétrospective de Limoges, 1886. — Photographies par Mieusement, texte par L. Guibert (50 planches). Paris, G. Chamerot, in-fol., 1887.

Un mariage à Limoges en 1687. — Limoges, V° Ducourtieux, 1887 (deux éditions).

Exposition de Limoges : L'Art rétrospectif, par MM. L. Guibert et Jules Tixier. — *Ibid.*, 1888 (104 planches).

Le Graduel de la Bibliothèque de Limoges, (extraits du *Bulletin du Comité des travaux historiques*). — Paris, 1888.

Livres de raison, Registres de famille et Journaux individuels limousins et marchois, (publ. avec le concours de MM. A. Leroux, P. et J. de Cessac et l'abbé Lecler). — Limoges, V° Ducourtieux et Paris, Alph. Picard, 1888.

Anciens statuts du diocèse de Limoges (extrait du *Bulletin du Comité des travaux historiques*). — Paris, E. Leroux, 1889.

L'Instruction primaire en Limousin sous l'ancien régime. — Limoges, V° Ducourtieux, 1889.

Les Cahiers de la Marche et du Limousin en 1789. — *Ibid.*, 1889.

Monuments historiques de la Haute-Vienne. Rapport de la Commission nommée par la Société archéologique du Limousin. — *Ibid.*, 1889.

Association des anciens élèves du Lycée de Limoges. Banquet du 27 novembre 1889. Toast au Lycée de Limoges. — *Ibid.*, 1890.

Notice sur le Cartulaire de l'abbaye cistercienne d'Obazine. — Tulle, Crauffon, 1890.

Les syndics du commerce à Limoges. — Limoges, V° Ducourtieux, 1890.

Les communes en Limousin, du XII° au XV° siècle (extrait de la *Réforme*). — *Ibid.*, 1891.

La commune de St-Léonard de Noblat au XIII° siècle (plan). — Limoges, V° H. Ducourtieux, et Paris, Alph. Picard, 1891.

Les Institutions privées et les Sociétés d'économie, d'épargne et de crédit à Limoges (extrait de la *Réforme sociale*). — Paris, Société d'Économie sociale, 1891.

De l'importance archéologique des Livres de raison (Congrès de la Société française d'archéologie tenu à Brive en 1890). — Caen, Henry Delesques, 1892.

Le troisième mariage d'Étienne Benoist. — Limoges, Ducourtieux, 1892.

Les Manuscrits du Séminaire de Limoges (notice et catalogue). *Ibid.*, 1892.

La monnaie de Limoges. — *Ibid.*, 1893.

Collections et collectionneurs Limousins : la collection Taillefer. — *Ibid.*, 1893 (un dessin de M. Jules Tixier).

Les premiers imprimeurs de Limoges. — *Ibid.*, 1893.

Laçon : topographie, archéologie, histoire (plan). — *Ibid.*, 1893.

Nouveau recueil de Registres domestiques Limousins et Marchois, avec le concours de MM. Alfred Leroux, J.-B. Champeval, l'abbé Lecler et Léonard Moufle. Tome I°°. — *Ibid.*, 1895.

Ce qu'on sait de l'enlumineur Egrard d'Espinqués. — Guéret, Amiault, et Limoges, V° H. Ducourtieux, 1895.

Les anciennes confréries de la basilique de Saint-Martial. — *Ibid.*, 1895.

Le Consulat du Château de Limoges au moyen âge. — *Ibid.*, 1895.

Reliquaires limousins, types, formes et décors. — Tulle, Crauffon, 1895.

Ce que coûtait au XIV° siècle le tombeau d'un cardinal. — Paris, Plon, Nourrit et C¹°, 1895.

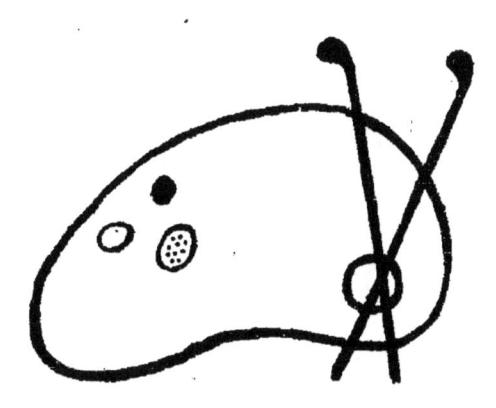

Fin d'une série de documents en couleur